AF359522

QUESTION D'ÉTAT.

ENFANT RÉCLAMÉ

PAR DEUX PERES

A L'HOPITAL SAINT LOUIS.

ACCUSATION

DE RAPT DE CET ENFANT.

MÉMOIRE

POUR Marguerite D'OPPINCHMITZ, Femme du sieur Guillaume Lejeune , Officier de maison , accusée de vol d'enfant , Défenderesse & Demanderesse ;

CONTRE Michel RICHER Maître Tailleur d'habits à Paris , Plaignant , Demandeur & Défendeur :

EN présence de Jean Frédéric BEAUMANN , Pêcheur, demeurant à Strasbourg , Accusé.

ETRE utile à ses concitoyens , officieux envers ses compatriotes , c'est un devoir : trouver les occasions de leur offrir , de leur donner ces secours que l'humanité elle-même sollicite , c'est un bonheur ; c'est la jouissance la plus pure qu'un cœur sensible puisse éprouver. Mais que pour prix de sa bienfaisance & de sa sensibilité , on soit exposé aux

A

pourſuites rigoureuſes de la juſtice , & traité comme ſi l'on s'étoit rendu coupable d'un crime capital, c'eſt un triſte exemple de l'incertitude des jugemens humains ; c'eſt dans l'ordre moral & civil le dernier degré d'infortune & de calamité.

Tel eſt cependant l'un des phénomenes étranges que préſente la Cauſe, qu'il s'agit de défendre aujourdhui ; Cauſe vraiment ſinguliere & intéreſſante , autant par ſon objet que par les circonſtances qui l'accompagnent. On y voit un enfant , à peine ſorti du berceau , accablé d'infirmités , réclamé par deux peres ; & déjà le jouet de la fortune qui ſe plaît quelquefois à jeter des nuages ſur l'état civil des hommes. On y voit le vrai pere accourant des extrémités de l'Alſace , pour défendre un fils qu'on veut lui enlever ; chargé de fers, pourſuivi comme un vil plagiaire, au moment même qu'il donne les preuves les plus éclatantes de ſa paternité , & de ſa tendreſſe. On y voit enfin une mere de famille enlevée à ſon époux, à ſes enfans ; livrée tout-à-coup à l'horreur des priſons ; forcée de racheter une liberté proviſoire au prix de ſa propre ſubſtance : & quel crime cette infortunée a-t-elle commis ! Elle a été ſenſible...! elle a ſervi de guide & d'interprête à ce pere malheureux, ſon compatriote , qui avoit réclamé ſon ſecours pour lui faire rendre ſon fils !

On auroit peine à croire à ces excès, s'ils n'étoient conſtatés par des pieces authentiques : il ne paroît pas même vraiſemblable qu'il ſe ſoit trouvé un tribunal où des vexations ſi horribles aient pu être accueillies ; & que ce ſoit ſur-tout dans la capitale d'un peuple libre & gouverné par des loix ſages , que des ſcénes ſi affligeantes pour l'humanité, fe foient paffées. Mais un Sénat augufte, protecteur de l'innocence, & difpenfateur éclairé de toute juftice, vient de fouftraire ces infortunés à l'autorité trompée qui les écrafoit : Un arrêt de la Cour vient d'anéantir la procédure vraiment extraordinaire, furprife à la religion de M. le lieutenant criminel du Châtelet ; a ordonné que la rançon exigée de l'innocente captive, lui feroit rendue ; & a renvoyé les parties à fins civiles dans un Tribunal auffi recommandable par fa douceur, que par l'intégrité foutenue de fes jugemens.

A la faveur de cette égide facré, il ne s'agit plus aujourdhui de notre part, que de démontrer l'innocence de cette mere de famille, de cette compatriote charitable, qu'on n'a pas craint d'accufer du crime de plagiat ; & d'apprécier la réparation qui lui eft dûe pour toutes les perfécutions qui ont été la fuite de cette accufation.

Marguerite d'Oppinchmitz, femme du fieur Lejeune, FAIT établie à Paris depuis un grand nombre d'années, eft originaire de Strasbourg, où toute fa famille exifte ; ce qui lui donne des relations très-fréquentes avec les habitans de cette ville. Quoique cette correfpondance, qui ne confifte le plus fouvent qu'à rendre des fervices à fes anciens compatriotes, puiffe lui être onéreufe, elle n'en eft pas moins précieufe à fon cœur : elle ofe même fe flatter qu'il ne fe trouvera pas un feul de ceux d'entr'eux qui ont réclamé fes bons offices, auquel elle n'ait donné des preuves fenfibles du defir qu'elle a d'être utile.

Au mois de Février 1773, le nommé Beaumann, pêcheur & garçon de bateau à Strasbourg, lui fut adreffé par quelques perſonnes de connoiſſance : ce particulier avoit amené avec lui ſon fils âgé de trois ans, attaqué d'humeurs froides, qui avoient déjà fait des ravages très-conſidérables. Vainement on avoit tenté ſur les lieux de lui procurer quelque ſoulagement ; le pere venoit à Paris dans l'eſpérance d'y faire des tentatives plus heureuſes : il n'avoit à la vérité pour toute reſſource qu'un fort atta-chement pour ſon enfant : mais il ſe flattoit, qu'étant en-core dans la vigueur de l'âge, & plein d'ardeur pour le travail, il trouveroit dans la capitale des occupations qui le mettroient en état de ſubvenir à ſa propre ſub-ſiſtance & à la guériſon de ſon fils.

Si la tendreſſe paternelle applaudiſſoit à ce projet, il n'en étoit pas de même aux yeux de la raiſon. Beaumann juſ-qu'alors n'avoit travaillé qu'à la pêche & à la conduite des bateaux ; il ne ſavoit pas un ſeul mot de françois : tout s'élevoit contre le plan qu'il s'étoit propoſé de ſuivre. Diverſes perſonnes lui conſeillerent de retourner dans ſon pays, d'y réprendre ſes anciens travaux, & de laiſſer ſon fils à Paris dans une de ces maiſons publiques, deſtinées à recevoir les enfans des pauvres : on lui perſuada qu'en le dépoſant ſous ſon vrai nom, il pourroit le reprendre un jour ; & que peut-être il le retrouveroit avec cette ſanté, après laquelle il ſoupiroit.

Il ſemble que l'indigence de certains peres, donne de l'extenſion au ſentiment qui les attache à leurs enfans : ce ne fut pas ſans peine que Beaumann ſe détermina à prendre le parti qu'on lui propoſoit. La dame Lejeune cédant à la néceſſité abſolue des circonſtances, lui rendit le ſervice de ſe tranſporter chez le commiſſaire Boulan-

ger, où elle prit une ordonnance, en vertu de laquelle
l'enfant fut reçu à l'hôpital des enfans trouvés, fous le
nom de Jean-Jacques Beaumann, le 2 Mars 1773, ainfi
qu'il eft conftaté par la reconnoiffance de la fœur dépofitaire.

Mere de huit enfans, ce ne fut pas fans fe faire vio-
lence que la dame Lejeune fe chargea de cette démarche : mais le defir de faire le bien, la foutenoit. Elle
ignoroit alors que cet acte de fa fenfibilité feroit pour elle
le germe de l'inculpation la plus atroce, & des perfécutions les plus inouïes.

Après avoir pourvu à l'exiftence du fils, elle ranima le
courage du pere ; lui donna ce qui lui étoit néceffaire
pour fon voyage, & le renvoya à Strasbourg. Mais trop
attaché à fon fils pour en fupporter long-tems la priva-
tion, l'année n'étoit pas encore révolue, qu'ayant amaffé
quelque argent de fes gains & épargnes, il revint à Paris
pour reprendre un enfant, difoit-il, qu'il fe reprochòit à
chaque heure du jour d'avoir abandonné dans un hôpital.

Il eut encore recours à la dame Lejeune. Comme il
ne parloit qu'allemand, il la pria de vouloir bien le conduire où elle avoit fait le dépôt, & de lui fervir d'interprete. Elle lui fit à ce fujet toutes les obfervations quelle crut
convenables pour l'engager à abandonner cette idée :
elle le conduifit enfuite au dépôt des enfans. C'étoit au
mois de Mars 1774. On les envoya à celui de la pitié
s'informer de l'enfant dans la claffe de *Jefus* : la recher-
che fut inutile. Ils furent enfuite à celui de la Salpetriere,
où la fœur en exercice leur annonça que le fils Beaumann

avoir été transféré à l'hôpital Saint-Louis : elle lui donna un écrit pour se transporter à cet hôpital, & retirer l'enfant.

Munis de cet écrit, la dame Lejeune & Beaumann se transporterent à l'hôpital Saint-Louis, où l'une des sœurs, dite la mere Sainte-Claire, leur indiqua la Salle où étoit l'enfant, & les y conduisit. La scène la plus attendrissante ne tarda pas à se manifester ; à peine l'enfant apperçut son pere, qu'il jeta un cri de joie, & fit des efforts pour s'élancer vers lui. Le pere aussi-tôt le prend dans ses bras, & sans égard pour sa maladie & les tumeurs suppurantes qui lui couvroient le bas du visage, il l'embrasse, le presse contre son sein, & l'arrose de ses larmes, en s'écriant à plusieurs reprises dans son langage allemand : mon fils! mon pauvre fils! L'enfant lui répondit dans la même langue, autant que son âge pouvoit le permettre.

La mere Sainte-Claire, & une autre religieuse étoient présentes à ce spectacle attendrissant : elles remirent l'enfant à son pere, qui reprit deux jours après le chemin de Strasbourg, content & satisfait de posséder un fils unique, encore bien malade à la vérité, mais l'objet de son affection & de ses complaisances.

La remise de cet enfant fut faite le 17 Mars 1774. Un mois après, la dame Lejeune vit arriver chez elle un ex-jésuite nommé Deschamps, alors l'un des vicaires de l'Hôtel-Dieu de Paris, & qui depuis, dit-on, en a été renvoyé. Il étoit accompagné d'un particulier nommé Richer, tailleur d'habits à Paris. Ils lui annoncerent qu'ils venoient réclamer un enfant qui avoit été remis à un Allemand nommé Beaumann, qu'elle connoiſſoit ; que cet enfant étoit le fils du ſieur Richer, qui l'avoit dépoſé à l'Hôtel-Dieu pour le faire guérir d'une maladie dont il étoit attaqué, & qui avoit été transféré le 5 Mars précédent, à l'hôpital ſaint Louis.

La dame Lejeune leur raconta tous les faits relatifs à l'enfant Beaumann, ajoutant qu'elle ne pouvoit croire qu'il y eût de l'erreur dans la remiſe ; que le pere & l'enfant s'étoient réciproquement reconnus ; qu'elle l'avoit elle-même reconnu pour celui qu'elle avoit dépoſé ; qu'au reſte, le pere & l'enfant étoient à Strasbourg, & qu'ils pouvoient faire ce qu'ils jugeroient convenable pour avoir de plus grands éclairciſſemens.

L'ex-jéſuite & Richer ſe retirerent, en diſant qu'ils alloient faire de nouvelles recherches. On ignore s'ils en firent ; mais il paroît qu'ils eurent recours au magiſtrat chargé alors de la police. M. de Sartine, d'après l'expoſé qu'ils lui firent, écrivit, le 4 Mai, à M. le préteur de Strasbourg : « qu'on avoit remis par erreur à Beaumann » l'enfant d'un autre particulier au lieu du ſien ; que celui » qu'il avoit emmené de Paris, étoit fils d'un nommé » Richer, maître tailleur à Paris, qu'il le prioit de faire » part de cette mépriſe à Beaumann, & de lui enjoindre » de ramener ou de renvoyer à Paris l'enfant qui lui avoit » été remis » La lettre portoit auſſi *qu'il pourroit s'adreſſer à la ſœur Sainte-Claire, dans la ſalle ſainte Marthe, qui lui rendroit l'enfant qui lui appartient.*

Beaumann mandé par M. le préteur, après avoir été inſtruit de cette lettre, expliqua ce qui s'étoit paſſé, aſſura ce magiſtrat qu'il n'y avoit point eu de mépriſe ; que l'enfant que la sœur Sainte-Claire lui avoit remis étoit son enfant; qu'il n'avoit pas besoin d'aller à Paris chercher celui qu'on mandoit être le sien; qu'il n'en avoit point d'autre que celui qui lui avoit été rendu; enfin qu'on pouvoit à cet égard faire telles recherches qu'on jugeroit à propos; qu'il n'avançoit rien que de vrai.

Cette déclaration de Beaumann parut assez grave à M. le préteur de Strasbourg, pour ne point précipiter sa réponse, & prendre toutes les assurances que sa sagesse & son équité purent lui suggérer. Il fit part au ministere public de la lettre de M. de Sartine, & de la réclamation de Beaumann. Le 16 Juin, le procureur fiscal donna en conséquence son requisitoire, sur lequel intervint, le même jour, un décret du Senat de Strasbourg, qui ordonna qu'il seroit informé sur le fait de la filiation & de l'état civil de l'enfant.

Plusieurs témoins furent entendus avec toute la prudence & la discrétion qu'une matiere si délicate peut exiger. L'enfant fut placé dans une salle voisine de la Chambre du Conseil, & confronté à chaque témoin. Il reconnut d'abord sa mere, que par des circonstances malheureuses, il n'avoit point encore vue depuis son retour: la mere le reconnut également pour son fils. Son parrain & sa marraine déclarerent pareillement qu'ils le reconnoissoient à tous ses traits, pour celui qu'ils avoient tenu sur les fonts baptismaux. On fit entendre aussi Catherine Walter, fille domestique, qui avoit eu soin de lui pendant quinze mois avant son voyage de Paris; elle le reconnut parfaitement; & même l'information porte que, lors de la représentation qui lui a été faite de cet enfant, *il a nommé la déposante pofante par fon nom, Catherine, l'a beaucoup careffée & n'a plus voulu la quitter.*

M. le préteur convaincu, par cette information, de la fincérité des faits avancés par Beaumann, envoya copie de l'information à M. de Sartine, & lui manda que ce particulier étant évidemment le pere de l'enfant, il ne pouvoit l'obliger de le ramener à Paris ; il lui obferva en même tems, que Beaumann étoit fimple garçon batelier, vivant au jour la journée, & que, dans une pareille pofition, il ne pouvoit pas le contraindre de conduire fon fils à Paris, & à fes frais, pour le confronter avec celui qu'on difoit être le fien.

Les fages précautions prifes par M. le préteur de Strasbourg fembloient devoir écarter toutes ces idées de méprife, dont l'ex-jéfuite & Richer avoient parlé. S'il leur reftoit quelque doute à ce fujet, il n'y avoit d'autre parti à prendre que d'envoyer à Strasbourg l'enfant qu'on difoit être celui de Beaumann. Cet enfant, qui devoit avoir environ quatre ans, étoit dans le cas de s'expliquer & de faire connoître l'erreur, s'il y en avoit, ou enfin l'on pouvoit faire paffer à Beaumann une fomme fuffifante pour faire le voyage & achever de tout éclaircir à Paris.

Mais aucun de ces partis ne fut adopté. L'ex-jéfuite prétendit avoir feuilleté les regiftres, & y avoir trouvé à la date du 25 Mars 1774, l'extrait mortuaire du fils de Beaumann. Ce prétendu extrait à la main, on eut recours de nouveau à M. de Sartine, qui écrivit, le 11 Juin, une feconde lettre à M. le préteur de Strasbourg, dans laquelle il lui mande que l'enfant étoit mort le 25 Mars, *fuivant la note qui avoit été envoyée de la Salpétriere.* Il le prie en conféquence de faire donner des ordres à Beaumann de ramener l'enfant qu'il avoit, ou de le renvoyer par une voie fûre, afin qu'il foit remis à fon pere qui le réclame.

Comment fe peut-il que les mêmes perfonnes ayent été affez hardies pour faire écrire par M. de Sartine, le 4 Mai, que la fœur Sainte-Claire remettroit à Beaumann fon fils, & le 11 Juin, engager ce magiftrat à écrire que cet enfant étoit mort dès le 25 Mars ? Comment ceux qui ont avancé ces faits n'ont-ils pas fait attention que c'eft le 17 Mars que l'enfant Beaumann a été remis à fon pere, huit jours avant fon prétendu décès ; que c'eft le 5 Avril fuivant que l'enfant Richer a été porté à l'hôpital Saint Louis, & reçu dans la falle Sainte Marthe, par la mere Sainte-Claire, & que c'eft le 21 du même mois que ce particulier a réclamé fon enfant ? Que de conféquences on pourroit tirer de toutes ces circonftances ! Pourquoi enfin a t-on fait écrire par M. de Sartine, le 11 Juin, que le fils de Beaumann étoit mort, fuivant une note de la Salpétriere, tandis que le prétendu extrait mortuaire, découvert par l'ex-jéfuite, & qu'on repréfente aujourd'hui, eft tiré de l'hôpital Saint Louis ?

Laiffons au miniftere public à dévoiler ce fombre myftere ; notre but eft de manifefter l'innocence de la dame Lejeune ; il nous fuffit d'expofer les faits : ceux qui reftent à développer font inconcevables.

La feconde lettre de M. de Sartine ne produifit aucun effet ; fa contradiction avec la premiere s'oppofoit même à ce qu'elle en pût produire. Beaumann perfévéra à foutenir que l'enfant qui lui avoit été remis étoit fon fils. Dans de pareilles circonſtances, on conçoit facilement que ce n'étoit pas à cet infortuné à quitter ſes occupations qui le faiſoient vivre, pour venir démontrer à Paris ce que l'information avoit déjà manifeſté à Strasbourg.

Ce fut alors que Richer forma le projet de rendre la dame Lejeune la victime de la prétendue mépriſe dont il ſe plaignoit. Il vint lui annoncer qu'il alloit la traduire dans les tribunaux, & la faire punir de lui avoir enlevé ſon fils. A travers ces menaces, la dame Lejeune découvrit que le but de Richer n'étoit que de l'intimider, & de profiter de ſa frayeur & de ſa crédulité pour obtenir quelque compoſition avantageuſe : on ne craint pas de le dire.... de l'or : voilà le fils que Richer cherchoit.

Pour obtenir ce cher objet de ſes vœux, il rendit plainte en rapt d'enfant, le 4 Juillet 1774, tant contre Beaumann que contre la dame Lejeune. C'étoit vraiment une belle proie, pour des raviſſeurs, qu'un enfant de quatre ans, ſujet ſcrophuleux, couvert d'ulcères par tout le corps, & rongé intérieurement d'humeurs pſoriques & dartereuſes. C'étoit un rapt d'une nouvelle eſpece que l'enlevement d'un enfant cherché par ſon pere d'hôpitaux en hôpitaux, délivré par une dépoſitaire publique en pleine liberté, & en connoiſſance de cauſe. C'étoit enfin un raviſſeur d'une eſpece rare, qu'un étranger qui avoit beſoin d'un interprete pour ſe faire ouvrir les portes & ſe faire entendre.

Cependant M. le lieutenant-criminel permet d'informer ſur cette plainte en rapt ; des témoins ſont entendus : & que réſulte-t-il de l'information ? Que la dame Lejeune a accompagné le nommé Beaumann, lorſqu'il eſt venu à l'hôpital Saint Louis pour retirer fon fils, qui lui a été dé-livré librement par la fœur Sainte-Claire ; que cet enfant a été depuis réclamé par un tailleur d'habits nommé Ri-cher. Il en réfulte enfin qu'il s'agit de ftatuer fur une dou-ble réclamation, objet abfolument civil, & qui n'offre pas même l'ombre d'un délit.

Toutefois M. le Lieutenant Criminel du Châtelet lança des décrets, tant contre Beaumann, que contre la dame Lejeune. Auffi-tôt celle-ci, mere de huit enfans, & dont le mari étoit en Lorraine, eft ignominieufement enlevée de fa maifon, conduite dans les prifons du grand Châtelet, & mife au fecret. On l'interroge : elle rend compte des faits & de fa conduite; fon innocence éclate dans chaque réponfe qu'elle fait aux queftions qu'on lui propofe, & cependant on ne brife point fes fers !... deux mois s'écoulent... elle eft encore dans le féjour affreux deftiné au crime.

Le fieur Lejeune, fon mari, arrive enfin de la Lor-raine. Quel fpectacle pour un pere ! Quel coup de poi-gnard pour un époux! Il trouve fes enfans abandonnés à la merci de quelques voifins; fa femme expirante dans les prifons. Bientôt il en apprend la caufe innocente ; il frémit de l'injuftice, & fe hâte d'en arrêter les effets.

Le 10 Septembre il préfenta une requête à M. le Lieutenant Criminel au nom de fa femme : il demanda fon élargiffement provifoire, aux offres de fe repréfenter à la juftice toutes les fois qu'elle en feroit requife. Il fut alors bien démontré au magiftrat que le rapt n'étoit qu'une chimere, & l'accufation le comble de la mé-chanceté. On prouva par pieces authentiques que Beaumann étoit marié, qu'il avoit eu un enfant attaqué des écrouelles ; que le 2 Mars 1773, il l'avoit dépofé aux Enfans-Trouvés par les mains de la dame Lejeune ; qu'en 1774, celle-ci lui fervant d'interprete, avoit été réclamer cet enfant dans cet hôpital ; que ne l'ayant point trouvé, elle fe rendit fucceffivement dans trois autres hôpitaux ; qu'enfin on leur préfenta un enfant qu'ils reconnurent ; que de retour à Strasbourg, cet enfant avoit été également reconnu pour le fils de Beaumann ; que Richer ne pouvoit ignorer ces faits, & que c'étoit de fa part une noirceur fans égale, que d'inculper ce pere malheureux & la dame Lejeune, d'un crime auquel ils n'avoient jamais fongé.

On fit voir en même tems à M. le Lieutenant Criminel que la dame Lejeune n'étoit refponfable de rien, puifque toute fa conduite dans cette affaire s'étoit bornée à demander dans les hôpitaux un enfant appartenant à Beaumann qu'elle y avoit dépofé le 22 Mars de l'année précédente, ainfi qu'elle en juftifioit ; que quand même on fuppoferoit qu'un enfant pour un autre auroit été délivré à Beaumann, ce feroit feulement le cas, en réformant le défordre qui regne dans les hôpitaux, d'enjoindre à la fœur Sainte-Claire & à toutes autres, d'être plus exactes, plus attentives à remplir le devoir de leurs charges; mais qu'une erreur qui auroit été étrangere à la dame Lejeune, n'emporteroit contre elle ni décret, ni action quelconque.

A des moyens fi victorieux, Richer oppofa pour toute réponfe, que la dame Lejeune devoit garder prifon jufqu'à ce que l'enfant fût repréfenté ; & fubfidiairement

qu'elle ne devoit obtenir fa liberté provifoire qu'en donnant caution , ou en dépofant une fomme fuffifante pour
fûreté des dommages-intérêts que , felon lui , cette affaire
devoit lui procurer , & en lui payant 3000 livres de pro-
vifion : Et comme s'il eût fafciné les yeux & conduit
la main de la juftice par les fecours de fon ex-jéfuite ,
on ne confidéra point que la dame Lejeune étoit une
domiciliée , & elle n'obtint fon élargiffement provifoire ,
de M. le Lieutenant criminel qu'à la charge de dépofer
au greffe une fomme de 1500 livres *pour fûreté des
dommages - intérêts qui pouvoient être prétendus par
Richer.*

Il fallut ployer fous le joug , fondre des effets , emprunter à gros intérêts , pour configner cette caution
bifarre. Munie enfin du certificat du greffier dépofitaire ,
cette femme évidemment innocente , a été rendue à fon
époux , à fes enfans.

Cependant Richer s'applaudiffoit de cette effrayante
procédure totalement ruineufe pour les fieur & dame
Lejeune : uniquement occupé à calculer les moyens d'aug-
menter , s'il étoit poffible , la fomme dépofée , & de fe
l'approprier , il n'avoit pas fait la plus petite démarche
pour recouvrer cet enfant dont il fe difoit le pere ; il
n'avoit pas fait la moindre tentative pour l'arracher des
mains de fon prétendu raviffeur ; il n'avoit même fait
exercer contre lui aucun de ces actes de rigueur dont
il étoit fi prodigue envers la dame Lejeune, qui avoit
plus le moyen de payer.

Cette mere de famille à laquelle il importoit, ainfi
qu'à fon mari, de mettre un terme à cette affreufe tra-

gédie, eut recours à M. le Préteur de Strasbourg, qui avoit déjà donné, comme on l'a vu, des preuves de fa prévoyante équité, & qui donna par la fuite au malheureux Beaumann des marques non moins fenfibles de fon humanité & de fa bienfaifance. Elle lui traça le tableau des traitemens horribles qu'elle venoit d'éprouver, & le fupplia d'envoyer Beaumann à Paris avec fon fils, fe foumettant de fatisfaire à toutes les dépenfes que ce voyage pourroit occafionner.

Inftruit par ce refpectable magiftrat des malheurs de fa bienfaitrice, Beaumann partit auffi-tôt de Strasbourg. M. le Prêteur eut la bonté d'écrire, le jour de fon départ, à la dame Lejeune, de lui mander le nom du conducteur, & le jour qu'ils devoient arriver à Paris. Il la prévint de payer les voyage & nourriture; ce qu'elle fit, fuivant la quittance qu'elle repréfente de la fomme de 144 livres.

Plein de confiance dans fon innocence, convaincu par fes fentimens intérieurs de la certitude de fa paternité, Beaumann fe rendit dans les prifons, demanda des fers, & attendit avec patience le moment de faire triompher la vérité.

Son fils étoit avec lui; les careffes de ce jeune infortuné adouciffoient la rigueur de fa fituation, foutenoient fon courage, ranimoient fa tendreffe & fa vertu: & vous, prétendu pere de cet enfant, Richer! que faifiez-vous alors? Quoi, votre fils gémit au fond d'un cachot, entre les bras d'un raviffeur, & vous ne fongez pas feulement, je ne dis pas à l'en tirer, mais à venir le reconnoître! Ne vous êtes-vous pas, par cela feul, condamné vous-même?

Vous feriez le vrai pere, que cette indifférence vous eût enlevé un titre si refpectable.

Des occupations plus importantes rempliffoient fes momens : il s'agiffoit de faire appefantir le glaive de la juftice fur Beaumann, comme il l'avoit fait fur la dame Lejeune. Le 3 1 Octobre on fit fubir interrogatoire à Beaumann : il s'expliqua par la bouche d'un interprete ; mais la nature dont le langage eft connu de tous les peuples, fit entendre directement fa voix, vint confondre l'impofture, & réclamer elle - même fes droits par les fignes les plus éclatans. Le malheureux Beaumann refta cependant dans les fers.

Le 7 Novembre, nouvelle affliction : des Satellites viennent lui enlever le feul objet de confolation qui lui refte ; malgré fa réfiftance & fes plaintes, ils lui arrachent fon fils : & où vont-ils le placer ? Dans le lieu même où s'eft développé le germe de tous fes maux, à l'hôpital Saint-Louis.

Vers la fin de Décembre, le 2 2, la veille de la vifite des prifons qui fe fait tous les ans par les Commiffaires nommés par la Cour, Beaumann fût jeté hors des prifons par les guichetiers, après lui avoir ôté fa vefte, fa chemife, fon col & fon mouchoir, pour leur tenir lieu fans doute de la rançon qu'ils exigent à la fortie de chaque prifonnier. Il n'avoit qu'un fimple furtout.... fon premier pas, le premier ufage qu'il fait de fa liberté, eft de courir, à demi - nu, dans la rigueur de la faifon, vers le lieu où réfide fon fils ; les portes lui font fermées : des mains qui fe difent confacrées à l'humanité, le repouffent avec barbarie. Malheureux pere ! Auffi vertueux qu'infortuné ! il

tombe

tombe de foibleſſe ſur le ſeuil de cet aſile terrible; & ſans un nouveau Samaritain qui daigna venir à ſon ſecours, cet inſtant auroit pu être le dernier de ſa vie.

Cependant la dame Lejeune ne douta pas que l'interrogatoire de Beaumann n'eut répandu le plus grand jour ſur les odieuſes vexations de Richer, & renverſé toutes ces idées de rapt, de plagiat, d'enlevement, à la faveur deſquelles on avoit fait tant de fracas aux oreilles du magiſtrat dont la religion a été vraiſemblablement ſurpriſe : elle crut alors que ſa juſtification étoit complette. Elle préſenta ſa requête à M. le Lieutenant criminel ; & demanda à être déchargée de l'accuſation contre elle intentée, dix mille livres de dommages-intérêts par forme de réparation civile, & que par proviſion les 1500 livres par elle dépoſées au greffe, lui fuſſent rendues.

Mais Richer & l'ex-jéſuite veilloient ſur le dépôt. On communiqua la demande proviſoire à fin de remiſe de ces 1500 livres, à M. le Procureur du Roi, qui requit icelle *être jointe au procès, &c.* & M. le Lieutenant criminel rendit ſon ordonnance *de ſoit fait ainſi qu'il eſt requis.*

Le ſieur Lejeune & ſa femme en interjeterent appel en la Cour, & pour la premiere fois ils commencerent à reſpirer, & à ſentir diminuer le poids de leurs infortunes.

Sur le ſimple vu des informations & interrogatoires, la Cour par arrêt contradictoire a autoriſé la dame Lejeune à retirer ſes fonds des coffres du greffe : évoquant le principal, a mis au néant la procédure extraordinaire, a renvoyé les parties à fins civiles : a converti les infor-

C

mations en enquêtes ; a permis à Richer] de les continuer ;
à la dame Lejeune d'en faire de contraires, fi bon lui fem-
ble dans le tems de l'ordonnance ; fauf à reprendre la
voie extraordinaire , fi le cas y échet : tous dépens, dommages-intérêts réfervés.

D'après cet arrêt, les parties ont refpectivement formé
leurs demandes en cette Cour , qui tendent de la part
de Richer, à ce qu'il foit déclaré pere de l'enfant ; la
dame Lejeune condamnée envers lui en 8000 livres de
dommages - intérêts ; la fentence imprimée & affichée ;
défenfes à la dame Lejeune de plus à l'avenir faire de femblables larcins dans les hôpitaux : & de la part de celle-ci ,
à ce qu'elle foit déchargée de l'accufation de rapt , avec
réparation d'honneur , 10000 livres de dommages-intérêts, & par corps, impreffion & affiches de la fentence
à intervenir.

C'eft en cet état que cette caufe non moins intéreffante
que finguliere fe préfente à juger.

M O Y E N S.

Quel que foit le fort de l'enfant qui attend un pere ,
la dame Lejeune doit néceffairement obtenir les conclu-
fions de fa demande. Richer eft repouffé de toutes parts.
Sa procédure extraordinaire eft abfurde, inique , & c'eft
une furprife très-criminelle faite à la religion du Magiftrat
chargé de cette portion de l'adminiftration de la juftice.
Il n'y avoit point de delit : il ne pouvoit même y en avoir.
La réclamation de Richer ne préfentoit qu'une queftion
d'état , & fa décifion n'étoit point de la compétence de
la jurifdiction criminelle.

Beaumann eft le véritable pere de l'enfant qui lui a

été remis : toutes les preuves morales & phyfiques atteftent cette vérité ; par conféquent toute idée de rapt doit être écartée, & la dame Lejeune n'a pas pu être accufée de ce crime.

Quand on jugeroit que Beaumann n'eft point le pere de l'enfant ; qu'il y a eu de la méprife, de l'erreur lors de la remife qui lui en a été faite ; que s'enfuivroit-il ? faudroit-il en conclure que la dame Lejeune fût coupable de rapt ? Cette idée répugne à la nature des chofes & des circonftances.

Richer n'a point ignoré ces circonftances : c'eft donc à deffein, & dans l'unique défir de nuire qu'il a fuppofé à la dame Lejeune un crime qui n'a jamais exifté : toutes fes démarches le prouvent ; & la correfpondance du magiftrat de la police M. avec le préteur de Strasbourg, qu'il a bien connue, ne laiffe aucun doute fur ce point.

Enfin, les vexations, qui ont été la fuite de cette audacieufe accufation, font fi révoltantes, qu'on ne pourroit fans une injuftice criante refufer à une mere de famille une réparation publique & une indemnité proportionnée au tort qu'elle a fouffert.

Tel eft le tableau de la caufe, que ces trois objets féparés divifent fenfiblement. 1. Incompétence de M. le lieutenant criminel, nullité de fa procédure. 2. paternité de Beaumann 3. innocence de l'accufée, & dommages-intérêts. Entrons en preuves.

§. I.

Nullité , absurdité de la procédure criminelle.

S'il est vrai qu'il y a des plaintes indiscretes , est-il rai-
sonnable de permettre indifféremment d'informer sur toutes
les plaintes ? Une dépositaire publique délivre librement un
enfant à celui qu'elle en croit le pere , d'après la conviction du fait par les preuves les plus infaillibles. Peu
de jours après , un autre particulier réclame son enfant.
Cet enfant ne se trouve pas. Aussi-tôt on présume que
ce pourroit bien être celui délivré à l'étranger. Le pere
regarde le fait comme certain ; cela étoit naturel ; le
trouble , la crainte du cœur en pareil cas font saisir indifféremment l'apparence comme la vérité. Ce pere al-
larmé, rend plainte à la justice contre un étranger qui a
emporté son enfant dans son pays , & contre sa compatriote qui l'a servi en assistant à cet enlévement.

Tels sont les faits : or, d'après la circonstance que l'enfant avoit été délivré par les mains d'une dépositaire
publique , qu'étoit-il naturel de penser sur la plainte de
Richer ? devoit-elle présenter l'idée d'un rapt à l'esprit
du juge toujours froid , toujours sans passion ? Si l'on eût
d'ailleurs considéré que les accusés avoient couru tous
les hôpitaux , réclamant par-tout, non l'enfant d'autrui ,
mais celui qu'ils justifioient avoir eux-mêmes déposé,
tout couvert d'écrouelles suppurantes ; si on eût considéré
que l'enfant à eux délivré publiquement étoit infecté du

même venin ; comment auroit-on pu penfer qu'ils fuffent coupables du crime de rapt ? *cui bono* ? Que voulez-vous que ce malheureux pêcheur faffe de cet enfant ; d'un enfant que tout autre qu'un pere ne voudroit pas approcher ?

Si Beaumann étoit un mendiant & un lâche, un de ces impofteurs qui s'étant fait de leur pareffe le titre de leur pauvreté, préfentent aux paffans de fauffes cicatrices & de fauffes bleffures, & qui, abufant de la charité des ames fenfibles, dérobent & mangent le pain des pauvres, on pouroit croire qu'il a fait enlever cet enfant pour s'en fervir à exciter la compaffion publique dans le métier de la mendicité : Mais Beaumann vît honnêtement de fon travail. Les demarches qu'il a faites foit pour faire guérir fon fils, foit pour le retirer du dépôt où il avoit été mis, annoncent que malgré fon indigence il eft né fenfible, & incapable de fe fouiller par des baffeffes, encore moins par un crime.

Qu'étoit il donc naturel de penfer fur cette plainte ? La raifon feule fait fentir qu'il n'étoit pas vraifemblable qu'on eût enlevé criminellement un enfant dans un dépôt public : que peut-être l'enfant réclamé par Richer, n'étoit égaré que pour le moment, foit qu'on l'eût transféré dans un autre hôpital, foit que par un effet de la confufion qui regne dans les hôpitaux, on eût donné à Beaumann un autre enfant pour le fien : que cet enfant accablé de maladie, étoit peu digne par lui même d'exciter l'envie ; que par conféquent Beaumann hors de tout foupçon d'intérêt, avoit été néceffairement dans l'erreur ; qu'un concours de mille circonftances avoit pu l'y faire tomber, puifque la dépofitaire y avoit contribué elle-même en lui préfentant cet enfant pour le fien.

D'après ces idées naturelles, n'étoit-ce pas le cas de regarder la plainte de Richer, comme une réclamation purement civile que les allarmes d'un pere avoient outrée ? Au moins c'étoit bien le cas d'éclaircir les faits, avant de procéder extraordinairement : avant de décreter, il falloit connoître s'il exiftoit un delit. Il étoit clair qu'il n'en exiftoit pas, puifque d'un côté rien ne prouvoit la paternité de Richer ; que de l'autre rien ne prouvoit le rapt, ni même la vraifemblance de ce délit : tout au contraire annonçoit la bonne foi des accufés : en un mot l'accufation de rapt, n'étoit au fond que le reproche d'une erreur prétendue, qui ne pouvoit procéder que de la confufion des hôpitaux, & du peu de foin de ceux qui font directement chargés de les adminiftrer.

Loin donc qu'on pût conclure contre Beaumann & la dame Lejeune, c'étoit évidemment le cas que le Magiftrat fît tomber la faute fur la mere Sainte Claire, & lui en fît des reproches feveres.

Il n'exiftoit donc pas de délit, & la négation eft évidente. Admettons que Richer foit le pere de l'enfant. L'a-t-on enlevé dans fa maifon, attiré dans le voifinage & pris dans la rue ? Mais on l'a enlevé dans une maifon hofpitaliere. Enleve-t-on dans les hôpitaux ? De quelle force, de quelle rufe a-t-on ufé ? Où eft le dol, la fraude & le complot ? Mais fi l'enfant eft à Beaumann, comme on va le démontrer, où eft le délit ? Or le fait étoit incertain lors de la plainte ; il l'eft encore aujourd'hui dans l'ordre légal, puifque la juftice n'a pas prononcé : avant donc qu'on pût parler de délit, il falloit juger la queftion de paternité : fans quoi c'étoit informer, & décerner des décrets fans qu'il exiftât de corps de délit certain ; c'étoit faire un coupable ufage du glaive de la juftice. Il eft donc démontré par la feule raifon naturelle que la procédure criminelle eft nulle, abfurde, vexatoire. Voyons ce que difent les loix.

Les loix font conformes à ces principes de la raifon naturelle. Elles appellent plagiaires, *plagiarii*, ceux qui dérobent les enfans ou les efclaves d'autrui. Ce crime étoit puni de mort chez les Romains. Mais comme il pouvoit arriver que celûi qu'on auroit accufé d'avoir volé un enfant libre ou efclave, s'en prétendît ou en fût véritablement le pere ou le maître ; jamais ces juges éclairés ne procédoient extraordinairement contre l'accufé , qu'ils n'euffent auparavant entendu la difcuffion des droits des parties, & jugé lequel des deux étoit le pere de l'enfant libre , ou le maître de l'efclave.

La loi huitième au code *(ad leg. fab. de plagiariis)* s'exprime en ces termes : » Que le juge fache qu'auparavant
» de prêter l'oreille à l'accufation du crime de vol d'ef-
» clave, il doit juger quel eft le véritable maître ou de
» l'accufateur ou de l'accufé ; car s'il étoit conftaté que
» l'accufé eût enlevé l'efclave en vertu d'un droit de
» propriété, il feroit clair qu'il n'y auroit point de crime.
» Si au contraire il étoit prouvé qu'il eût pris l'efclave
» d'autrui, alors feulement le juge pourroit procéder fur
» l'accufation (1).

---

(1) *Præfes provinciæ difcreto prius jure dominii, intelligat an audiendum fit plagii crimen nec ne. Nam fi proprietatis tuæ mancipium effe conftiterit, expiraffe criminis intentionem emerfâ dominii luce manifeftabit. Si vero fervum alienum effe conftiterit, poft difceptatam proprietatis quæftionem criminis caufam audiet.*

La loi 14 du même titre porte la même diſpoſition pour les enfans réclamés. « L'accuſation de vol d'enfant, » dit cette loi, ceſſe dès l'inſtant que l'accuſé aſſure être » pere, & s'être conduit par cette croyance dans l'en- » levement qu'il en a fait (1).

La loi 3 au digeſte *ad leg. fab. lib. 48 , tit. 15*, eſt encore plus favorable & non moins équitable ; elle décide: » qu'on ne doit pas même accuſer du crime de rapt celui » qui *de bonne foi* a pris un enfant libre ou eſclave, » croyant qu'il lui appartenoit ; car, dit la loi, pour être » réputé coupable de ce crime, il faut l'avoir commis avec » deſſein, dol & fraude : *Si ſciens , dolo malo hoc fe-* » *cerit* (2).

Tels ſont les principes de cette matiere. D'après ces principes, a-t-on pu accueillir l'accuſation de rapt in-tentée contre Beaumann & la femme Lejeune? A-t-on pu informer ſur un crime incertain? A-t-on pu lancer des décrets, traîner une femme innocente dans les priſons, l'y laiſſer languir? A-t-on pu en la délivrant, l'obliger de dépoſer à la porte de ſa priſon une ſomme de 1500 liv., qui pouvoit être toute ſa fortune, avant de juger la queſ-tion de paternité, & quand ſa bonne foi éclatoit de tou-tes parts? A-t-on pu livrer un pere indigent à de bar-bares guichetiers, qui l'ont dépouillé inhumainement dans la plus froide ſaiſon de l'année, quoiqu'il ne leur dût rien, ayant été couché ſur la paille & nourri du pain public? Mais quand on ſuppoſeroit pour un moment que

-----

(1) *Plagii criminis accuſatio ceſſat, ſi ſuos liberos adſeverent hi qui ſuppreſſiſſe dicuntur, non commiſſi velandi cauſá , ſed ad hanc opinionem juſtâ ducti ratione.*
(2) *Voyez* auſſi les loix 4 & 6 au meme titre du digeſte.

l'enfant

l'enfant n'appartient pas à Beaumann, par quel endroit auroient-ils mérité l'un & l'autre d'essuyer tant de maux? La plainte même de l'accusateur & les informations prouvoient que l'enlevement de l'enfant n'étoit tout au plus que l'effet d'une méprise de la mere Sainte Claire; & les lettres de M. de Sartine le disoient clairement.

Quoi qu'il en soit, il est évident qu'en une pareille matiere il ne pouvoit y avoir lieu préalablement qu'à une simple enquête, ainsi qu'en a usé le Sénat de Strasbourg, & ainsi qu'il vient d'être jugé par l'arrêt du Parlement. Il est donc démontré que la procédure criminelle est absurde, & vexatoire ; ce qui justifie d'abord pleinement l'action en dommages - intérêts intentée contre l'instigateur de cette procédure.

§. I I.

Preuves de la paternité de Beaumann.

Beaumann a eu un enfant mâle d'un légitime mariage, en l'année 1770, nommé Jean-Jacques Beaumann. Par l'entremise de la dame Lejeune, il a déposé cet enfant à l'âge de trois ans aux Enfans trouvés pour lui faire administrer des remedes contre les écrouelles : ce fait est prouvé par l'ordonnance du Commissaire Boulanger du 2 Mars 1773 & par un procès verbal du même jour. Le 3 du même mois de Mars, cet enfant a été transféré des Enfans trouvés à la Salpétriere, & de cette derniere maison à l'hôpital Saint-Louis dans la salle Sainte-Marthe, où il a été réclamé & reconnu par son pere ainsi que par la dame Lejeune, & rendu le 17 Mars 1774 par la Mere Sainte-Claire, Sœur d'office à ladite salle.

D

Arrivé à Strasbourg, il a reconnu fa mere & la nommée Catherine Walter qui l'avoit foigné pendant quinze mois : il a été lui-même reconnu par fon parrain & fa marraine à Strasbourg.

Cette chaîne de faits eft établie par pieces authentiques dépofées au greffe criminel du Châtelet : il en réfulte évidemment une preuve complette de la paternité de Beaumann. Il ne nous refte plus qu'une difficulté à éclaircir fur ce point : c'eft de favoir quelle foi mérite l'extrait de mort du prétendu enfant de Beaumann ; fi c'eft véritablement fon enfant qui eft décédé le 25 Mars 1774 à l'hôpital Saint-Louis, ou fi c'eft celui du fieur Richer : car perfonne ne peut douter de la poffibilité de l'erreur, quand on voit une fi affreufe confufion regner dans nos hôpitaux. Il eft certain, dans cet état des chofes, que le prétendu extrait mortuaire de l'enfant Beaumann ne mérite pas tant de foi que l'information juridique faite à Strasbourg fur l'état de cet enfant : elle prouve qu'il eft à Beaumann, & la piece eft authentique. Tout ce qu'on peut faire, c'eft de ne lui donner qu'un égal degré de certitude. Alors il faudra mettre dans une jufte balance les preuves rapportées par les deux peres, & adjuger l'enfant à celui qui en aura davantage & d'une nature moins équivoque. Or, telles font les preuves qui dépofent de la paternité de Beaumann.

1. Beaumann a reconnu fon enfant, & l'enfant fit mille efforts pour voler à lui : quoiqu'il fût tout couvert de plaies & de tumeurs fuppurantes, écrouelleufes, pforiques, capables de communiquer leur venin, il le prit dans fes bras, l'embraffa très-étroitement en verfant des larmes : il en reçut des careffes. Il lui parla allemand, & l'enfant

lui répondit quelques mots dans la même langue en pré-
fence de la mere Sainte-Claire.

A ces traits qui pourroit diftinguer un ravifleur, &
qui ne reconnoîtroit un pere? La loi de l'amour pater-
nel n'eft point établie fur des raifonnemens, elle n'eft
point l'ouvrage de l'efprit , c'eft la nature feule qui
décide : oracle du cœur, elle répond toujours aux peres
qui l'interrogent; auffi Beaumann a-t-il verfé des larmes;
auffi a-t-il, fans crainte & fans dégoût, porté fes levres
fur les plaies de fon enfant; & cet enfant a répondu à fa
tendreffe & à fes accens. Sont-ce là feulement les mouvemens & les paroles d'un enfant? Non : ce font les ré-
ponfes de la nature.

A ces traits le Monarque de la Judée, qui porta le
premier jugement dans cette matiere, n'eût-il pas déclaré
Beaumann le pere de cet enfant? Confidérons la conduite de ce juge immortel. Fit-il de la vaine procédure ?
Écouta-t-il des témoins? Lança-t-il des décrets? Non , il
fit parler la nature comme feule témoin digne d'être en-
tendue, & feule capable de lui dire la vérité : il prit le
glaive.... fe fit jour à travers le fein des deu xmeres, pénétra
jufqu'à leurs cœurs pour en découvrir les fentimens, &
là, établiffant fon tribunal, il interrogea leur amour.

Qui doute que cette conduite de ce Prince ne foit au
fond conforme à nos' loix & aux regles de notre jurif-
prudence ? L'élan de la nature eft parmi nous le premier
de tous les titres qui annonce un pere : c'eft à la fagacité
du Juge à le faire éclater. La poffeffion jointe aux con-
trats de mariage, aux extraits de baptême, forme le fe-
cond titre : & les témoignages des hommes font le der-

nier de tous les titres, parce qu'ils font trop incertains. Auffi nos loix ne les admettent-ils point fur les queftions d'état : *ce n'eft point*, dit la loi, *par des paroles & de fimples affertions que le droit civil affèoit l'état des enfans & décide du fort des peres* (1). Les décifions des Cours font toujours conformes à ce principe du droit civil.

A Thebes & à Rome, pour reconnoître de certaines familles, on étoit convenu de leur imprimer de certaines marques. Les unes avoient une figne fur la paupiere, les autres portoient une lance fur la cuiffe. Dans nos hôpi-taux la marque eft moins fure. On reconnoît les enfans par une étiquette qu'ils portent fur le bras. Peut-on une marque plus fautive & plus périffable? Oh, que le figne qui part du cœur d'un pere & d'un enfant, quand ils fe font connus, eft bien plus certain ! Ce témoignage de l'ame, ces mouvemens preffés ne font pas de ces accens que l'im-pofture fait entendre, de ces preftiges que l'erreur enfante; c'eft la force de la nature qui les produit, c'eft fon lan-gage, c'eft fa loi fuprême qui commande & qui fe fait obéir : quand elle prononce, la voix du juge doit être muette.

« La nature ne fauroit tromper, difoit un grand ora-
» teur du dernier fiecle : elle a fes mouvemens certains,
» fa conduite immuable, fes regles infaillibles; & quand
» on dit qu'elle trahit nos penfées par la rougeur & les
» fignes qu'elle fait paroître fur le vifage, ce n'eft pas en
» effet qu'elle nous trahiffe, c'eft qu'elle découvre nos
» trahifons. » Et comme le difoit encore un célebre Chancelier d'Angleterre. « On cache fouvent la nature;

(1) *Non nudis ad feverationibus , filii civili jure patri conftituuntur.* L. 14 *Cod. de Prob.*

» on la furmonte quelquefois, mais jamais on ne l'éteint.

2. La dame Lejeune, qui faifoit l'office d'interprete, a reconnu cet enfant.

Quelle vue d'intérêt peut-on appercevoir dans la conduite de cette mere de famille? La charité, l'humanité, la bienfaifance & cet attachement naturel qu'on a pour fes compatriotes, voilà tout ce qu'on y voit. Animée de ce dernier fentiment, elle avoit au contraire intérêt à ne pas fe tromper fur cet enfant. Elle fut libérale envers lui, elle lui donna de nouveaux habits, ce qu'elle n'eût point fait pour un étranger.

3. La mere Sainte Claire a délivré cet enfant.

Il n'eft pas vraifemblable qu'elle fe foit trompée. En effet, elle avoit reçu elle-même l'enfant de Richer, le 5 Avril 1774 ; c'eft le 17 du même mois qu'elle rend à Beaumann fon enfant, après un mur examen & une infinité de queftions ; il avoit d'ailleurs, ou il devoit avoir fon étiquette au bras : il eft donc évident qu'il n'étoit pas poffible qu'elle fe trompât. L'enfant de Beaumann venoit de la Salpétriere, & celui de Richer de l'Hôtel Dieu directement. La dame Lejeune préfenta à la Sœur Sainte-Claire un billet de la fœur dépofitaire de la Salpétriere, & réclama un enfant nommé *Jean-Jacques Beaumann*, envoyé de cette maifon : elle ne pouvoit donc ignorer qu'un enfant venu de l'Hôtel-Dieu depuis quatorze jours, & qu'elle avoit reçu elle-même, ne pouvoit pas être celui qu'on demandoit. Si donc elle n'a pas pu phyfiquement fe tromper, l'acte même de délivrance de l'enfant, de la part de cette dépofitaire publique, eft un titre & une preuve de la paternité de Baumann.

4. Baumann, pêcheur & fimple valet de batelier, emporte à Strasbourg fur fes bras cet enfant tout couvert de plaies.

Voilà encore un témoignage infaillible de fa paternité. Quoi donc? Quand la plupart des peres & des meres de nos jours craignent des enfans, & évitent les effets incompréhenfibles de la fécondité de la nature, dans la vue, difent ils, de ne pas diminuer leur propre fubftance, fur cette terre ingrate, défolée par le luxe & une multitude de vices politiques & moraux; un fimple pêcheur fera accufé d'enlever un enfant qui n'eft pas le fien, de le nourrir, de lui faire partager le pain qu'il gagne au jour le jour, à la fueur de fon corps! Eh quel enfant! Un fujet fcrophuleux, couvert de plaies, de cicatrices & de galles; que bien des peres ne voudroient pas même approcher...! & c'eft un étranger qui l'embraffe & qui l'emporte...!

Que de fuppofitions, que d'abfurdités il faudroit admettre pour nier la paternité de Beaumann! » N'eft-ce » pas une chofe bien abfurde & bien déplorable, difoit » le réthcur Junius, qu'un pauvre foit accufé d'enlever » des enfans; que ce peuple fans généalogie, fans fa- » mille, fans nom; ce peuple digne d'une ftérilité perpé- » tuelle; ce peuple qui n'a que des fucceffeurs & qui n'a » point d'héritiers, auxquels il ne peut donner que la terre » & le foleil de fes peres, enleve & fe fuppofe des en- » fans? »

5. Le 4 Mai 1774, M. de Sartine écrivit à M. le préteur de Strasbourg: « que l'enfant de Beaumann étoit, à » cette époque, dans la falle Sainte-Marthe; qu'on s'étoit

» trompé en donnant à Beaumann l'enfant qu'il avoit em-
» porté, qu'il falloit qu'il le ramenât fans délai : *qu'il pou-*
» *voit s'adreffer à la fœur Sainte-Claire, hôpital Saint Louis,*
» *falle Sainte Marthe , qui lui rendroit l'enfant qui lui ap-*
» *partient.* »

Ceci prouve qu'à l'époque du 25 Mars 1774, le prétendu enfant de Beaumann n'étoit pas mort : par conféquent le prétendu extrait mortuaire ne mérite point de
foi. D'un autre côté , il eft évident que le 4 Mai, il a
exifté dans la falle Sainte-Marthe, un enfant qu'on a cru
être celui de Beaumann. Or, où eft cet enfant ? Qui eft-il ?
D'où vient-il ? Quel figne, quelle marque porte-t-il fur fon
corps qui ait pu le faire prendre pour l'enfant de Beaumann ? Si cet individu n'exifte pas, on en a donc impofé
au magiftrat. Quelle foi méritent alors les gens d'une maifon hofpitaliere , qui n'ont ni ordre dans leurs regiftres ,
ni zele dans leur devoir, ni candeur dans leurs paroles ?
Loin d'être les confervateurs de la vie & de l'état des
hommes, ils s'expofent à en être les deftructeurs. Qui
s'armera contre la mere Sainte-Claire , comptable de l'état
d'un citoyen , & feule coupable de l'incertitude cruelle qui
l'enveloppe ?

6. Le 11 Juin, M. de Sartine écrivit que l'enfant Beaumann
étoit mort , *fuivant une note de la Salpétriere* : & il fe trouve
que l'extrait mortuaire qu'on repréfente ne vient point de cet
hôpital. La lettre de M. de Sartine annonce que l'enfant
eft mort à la Salpétriere ; l'extrait dépofe qu'il eft mort
à l'hôpital Saint Louis. Quelle incertitude, quelles varia-

tions ! Et c'eſt à la faveur de ces faits qui ſe croiſent, ſe choquent & ſe détruiſent réciproquement, qu'on conteſte la paternité de Beaumann !

7. Cet enfant a été repréſenté à ſa mere. Après ſerment de dire vérité, elle a dépoſé dans le ſein du juge, qu'elle le *reconnoiſſoit pour ſon propre enfant, qu'elle avoit mené à Paris & confié à la dame Lejeune.*

Qui pourroit accuſer cette femme d'impoſture ? On ſait que l'indigence & la plus affreuſe miſere lui ont fait faire des démarches ſur leſquelles on n'eſt pas ſi tolérant à Strasbourg qu'à Paris. Cette infortunée, dans une diſette de moyens qui la fiſſent vivre, avoit évidemment un certain intérêt de renier un enfant qui lui étoit à charge : l'occaſion étoit favorable, elle pouvoit le déſavouer. Cependant elle n'oſe.... elle ne peut trahir la nature !

8. La même information des juges de Strasbourg porte que la nommée Catherine Walter a reconnu l'enfant pour l'avoir ſoigné journellement pendant 15 mois, & le Juge ajoute que, lorſqu'il la vit, *il l'a nommé par ſon nom, Catherine, l'a beaucoup careſſée, & n'a plus voulu la quitter.*

Il n'y a qu'un moyen de détruire cette preuve, qui eſt d'une force irréſiſtible ; c'eſt de nier le fait & de s'inſcrire en faux contre l'information. Mais s'il eſt conſtant que cet enfant a reconnu *Catherine* ; qu'il l'a nommée par ſon nom, & lui a prodigué ſes careſſes par reconnoiſſance des ſoins qu'elle avoit pris de lui ; quel titre auguſte n'en réſulte-t-il refulte-t-il pas en faveur de Beaumann? Suppofera-t-on que cet enfant donnoit des marques d'un feinte reconnoif-fance, & qu'il favoit qu'on difputoit de fon état? Mais pourquoi auroit-il préferé Beaumann au fieur Richer, l'indigence à la commodité de la vie, des haillons à des habits? S'il eût eu quelques connoiffances des chofes qu'on traitoit, s'il eût été capable d'en juger, il eût calculé fes intérêts & ne s'y feroit pas trompé: loin de careffer Catherine, il l'eût certainement repouffée. Mais, comment concevoir que fa reconnoiffance ait pu être feinte? Pourquoi vouloir que Catherine fe foit prêtée à cette impofture? Comment fuppofer un enfant de quatre ans capable d'un tel déguifement; lui prêter une noirceur d'ame dont les hommes les plus fcélérats, & les plus verfés dans les crimes & les infamies de la fociété, font à peine capables?

Au refte, il ne fuffiroit pas d'élever de femblables prétentions: il faudroit former l'action en fubornation de témoins, & faire tomber le témoignage de *Catherine Walter*, & celui de l'enfant, qui n'eft autre chofe que celui de la nature. Qui oferoit attaquer ce témoignage refpectable? La vérité eft-elle plus pure? Comment le feroit-elle puifqu'elle n'eft elle-même autre chofe que la nature, ne formant avec elle qu'un feul & même être?

9. Le parrain & la marraine ont reconnu l'enfant; l'information de Strasbourg le prouve. Leur dépofition forme donc encore une preuve vraiment légale. Ils font la famille fpirituelle de l'enfant, & leur dépofition eft toujours précieufe aux yeux de la juftice.

E

10. La dame Lejeune convaincue de n'avoir point reçu de la dépositaire d'autre enfant que celui qu'elle avoit déposé aux enfans-trouvés, fait engager Beaumann à se rendre à Paris avec son enfant , & paye son voyage. Beaumann arrive , & se rend de lui-même dans les prisons.

Accusée d'un crime capital , d'un rapt , la dame Lejeune se seroit elle empressée de faire venir à ses frais l'enfant de Beaumann , qui , s'il eût été celui de Richer , eût été contre elle un personnage de conviction ? Ne résulte-t-il pas de sa bonne foi & de sa grande confiance , encore une preuve non suspecte de la paternité de Beaumann ? Mais que la confiance, la fermeté, la constance & l'attachement de celui-ci sont admirables ! Libre d'envoyer son enfant , il l'amene lui-même de cent lieues ; il se rend dans une prison , où il ignore quel va être son sort... Pourquoi n'a-t-il point fui ? Il n'a point fui , parce qu'on demandoit son fils , & qu'il ne pouvoit l'abandonner. Ce malheureux pere , tout libre qu'il étoit , se sentoit entraîner en la plus chere partie de lui-même. Détenu dans les fers , l'horreur de sa situation ne le fit point changer. Il soutint à M. le lieutenant-criminel que l'enfant étoit le sien. On le lui ôta pour le remettre au dépôt ; & il attendit fermement son sort , nourri de pain , couché sur la paille avec les criminels. La scène se termina enfin , au bout de deux mois, par le renvoyer sans bruit , sans forme de procès & sans habits... infortuné qu'il étoit ! Mais il est une Providence qui veille aux malheureux.... M. le préteur de Strasbourg , son juge naturel , lui fit donner des secours. La dame Lejeune eut le bonheur de pouvoir y contribuer.

Résumons ce second objet. Dix preuves indélébiles, preuves de toute espece , juridiques , naturelles , physiques

& morales fe réuniffent pour établir, aux yeux de la juftice, la paternité de Beaumann. Son contrat de mariage.
L'extrait de baptême de fon enfant. Les actes de dépôt
dans les hôpitaux. L'acte de fa délivrance. Le cœur d'un
pere que rien n'arrête... fes tranfports... fes embraffemens,
fes careffes à un enfant couvert de plaies. Sa pauvreté qui
ne peut étouffer les fentimens de fa tendreffe paternelle.
l'information juridique de Strasbourg. L'aveu de la mere ;
la voix de la nature qui s'eft fait entendre... le langage
de l'enfant; l'expreffion de fa reconnoiffance... fes careffes
à Catherine fa bienfaitrice, fon nom qu'il a proféré. Les
témoignages de ceux qui l'ont tenu fur les fonts de baptême. La perfévérance de fon pere à le fuivre partout,
jufqu'à fe mettre dans les prifons... fes voyages.. fes fouf-
frances. . . . . . .

Quelles fources abondantes & inépuifables s'ouvrent
dans cette caufe à l'éloquence de l'orateur, & à la pro-
fondeur du philofophe ! J'ai effayé de les fouiller ; je
fens que je ne les ai qu'effleurées.

Voyons maintenant comment Richer démontre fa paternité :

Ce pere prétendu ne peut puifer fes preuves que dans
des fources étrangeres & les plus équivoques. Les informations faites fur fon accufation de rapt, & l'extrait mortuaire de l'hôpital Saint-Louis : voilà les feules pieces qu'il
produife, & dont il faille pefer les réfultats. Pour ces
preuves qui émanent de la tendreffe paternelle ; il n'en a
donné aucune : il s'eft montré indifférent, infenfible,
même dans les momens, où pour fe faire rendre l'enfant,
il perfécutoit l'innocence de la dame Lejeune avec le plus

d'acharnement. C'étoit une bonne compofition, une fomme d'argent qu'il cherchoit, & rien de plus. Quand Beaumann s'eft rendu dans les prifons avec cet enfant, il n'a pas été le vifiter. Il l'a laiffé quinze jours dans les fers... il a fouffert que la Juftice le déposât à l'hôpital Saint-Louis, tandis qu'il pouvoit lui donner un afyle. (S'il l'eût demandé, on le lui eût accordé, aux offres de le repréfenter.) Rien donc de tout ce qui annonce un pere n'a paru de fa part : & bien au contraire, il a voulu renoncer à fes prétentions, & vendre fon défiftement à la dame Lejeune... où font donc fes preuves ?

L'information faite par M. le Lieutenant criminel, ne donne aucune indice de fa paternité ; ce n'étoit pas là leur objet : il étoit queftion feulement d'informer du prétendu rapt.

A l'égard de l'extrait de mort découvert dans les regiftres de l'hôpital de Saint-Louis, par l'abbé Defchamps, l'ex - jefuite aux bons yeux , quelle autorité peut avoir une pareille piece dans une caufe de cette nature ? D'après toutes les preuves de la paternité de Beaumann, qui doute que le prétendu décès de fon fils ne foit ou une erreur, ou un faux ; & que ce ne foit au contraire l'enfant de Richer que la mort ait emporté ? Quelle foi peut-on ajouter aux extraits de mort des enfans dans ces hôpitaux, fi l'on ne les y reconnoît qu'à des étiquettes volantes & périffables, & que fouvent ils n'ont pas ? Quelle foi ne merite pas au contraire l'information du Senat de Strasbourg, piece authentique qui ne peut par aucun endroit être inculpée d'erreur, & dont la certitude a la nature elle-même pour garant ? Lui refufer la préférence qui lui eſt due, ce feroit enfin méconnoître dans leur ſource même toutes les lumieres infaillibles de la con-noiſſance de l'état des hommes.

§ I I I.

I. Innocence de l'Accuſée. I I. Dommages - Intérêts.

1. La dame Lejeune eſt évidemment innocente du crime de rapt. En effet, ſi l'on juge que l'enfant qui lui a été délivré eſt l'enfant de Beaumann, l'idée du rapt n'eſt plus qu'une chimere : or, ſa paternité eſt démon-trée par des preuves de toute eſpece & toutes infail-libles ; & il n'eſt pas poſſible qu'un pere puiſſe réunir plus de traits qui caractériſent ſa paternité.

Mais, quand on jugeroit en faveur du ſieur Richer; que faudroit-il en conclure ?

Il eſt prouvé par pieces authentiques, que la dame Le-jeune dépoſa le 2 Mars 1773, un enfant à l'hôpital des enfans trouvés, & qu'elle ſe préſenta le 19 Avril de l'an-née ſuivante avec ſon pere à l'hôpital Saint-Louis, pour le retirer. Il eſt donc dès-lors évident qu'elle n'a point eu le deſſein d'enlever l'enfant d'autrui, par ruſe, trom-perie ou ſéduction. Or, ſa ſeule bonne foi, comme nous l'avons vu plus haut, ſuffit pour écarter d'elle tout ſoupçon du crime de rapt. La loi 3. (ff lib. 48, tit. 15) y eſt préciſe. *Legis Fabiæ crimine ſuppreſſi mancipii bonâ fide poſſeſſor non tenetur.* Les loix 4 & 6 du même titre por-tent les mêmes diſpoſitions.

Ce ne feroit donc qu'une erreur qui feroit ſon crime,

non pas une erreur de la nature de celle de la sœur
Sainte-Claire : celle-ci eſt très puniſſable, puiſque c'eſt celle
d'une gardienne qui oublie le dépôt qu'on lui a confié, &
qui l'oublie preſque dans le moment qu'elle vient de le
recevoir. Comment la sœur Sainte-Claire a-t-elle pu perdre
de vue l'enfant de Richer, qui ne lui avoit été apporté
que depuis quatorze jours ? Comment a-t-elle pu lui laiſſer
perdre ſon étiquette, oublier ſa figure ? Qu'elle juſte cauſe
enfin apportera-t-elle de ſon erreur ?

Il n'en eſt pas ainſi de la dame Lejeune. Tout la juſti-
fie. Elle n'étoit point gardienne de cet enfant. Il y avoit
une année entiere qu'elle avoit dépoſé aux enfans trouvés
celui qu'elle réclamoit : pendant ce tems, la nature qui
croît, & la maladie qui détruit avoient pu changer ſes traits
au point de s'y méprendre : elle auroit donc eu une juſte
cauſe de ſon erreur. *Juſtam habet cauſam ignorantiæ.*

Que venoit-elle faire à l'hôpital Saint-Louis ? Ne venoit-
elle pas y exercer les œuvres de charité, d'humanité, de
bienfaiſance ; & s'acquitter des devoirs d'une compatriote officieuſe, en ſervant d'interprete à Beaumann ?
Qui de vous peut m'accuſer, peut-elle dire à ſes juges ? J'ai
reconnu, ou enfin j'ai cru reconnoître l'enfant que j'avois
dépoſé moi-même dans ces aſyles ſacrés de l'innocence.
On le délivre.... à qui ? A ſon pere ; à celui que la nature
elle-même indique, que le doigt de cette tendre mere
marque & déſigne. Et à moi, que me reſte-il ? ſes vieux
habits, qu'on m'accuſe d'avoir emportés. Voilà donc à quoi
ſe bornoient mes profits ? Voilà donc l'objet de mon crime ?
Mais au même inſtant je lui ai donné d'autres habits de
mes propres enfans, que mes mains charitables lui avoient

ajuftés & appropriés. Si mon objet eût été de me rendre complice d'un vol, aurois-je donné plus pour avoir moins? Que pouvez-vous dire enfin contre ma libéralité? Qui de vous m'accufera?

2. Voici le moment de la vengeance : c'eft à un Tribunal intégre, préfidé par un Magiftrat compatiffant, & non moins judicieux, qu'il eft réfervé d'y prononcer. Voici le moment de venger la majefté des loix, violée par une procédure extraordinaire, & des decrets furpris par l'impofture à la religion de M. le Lieutenant criminel.

Tout réclame contre Richer, ce calomniateur de l'innocence. Il eft d'autant plus puniffable, qu'il n'eft véritablement pas le pere de l'enfant, c'eft chofe démontrée. Il n'a fi long-tems perfifté dans fon impofture, que dans la vue de tirer une fomme confidérable de la dame Lejeune, qu'il intimida. Il lui propofa de tout abandonner, fi elle vouloit lui payer 3000 livres. Ce mercenaire a voulu vendre l'enfant qu'il réclamoit comme fon fils!

Les pertes de la dame Lejeune font inapréciables. Elle a été détenue deux mois dans les prifons ; obligée de vendre fes effets, d'emprunter à gros intérêts pour fe mettre en état de configner les 1500 livres dont Richer a demandé & obtenu le dépôt pour fes prétendues indemnités ; de payer enfin le voyage de Beaumann & de fon enfant, & les faux frais qui ont été faits, tant à Strasbourg qu'à Paris. Sa fortune en un mot eft maintenant épuifée : & le travail de trente ans eft évanoui. Tel eft le fruit de la méchanceté d'un feul homme qu'elle n'a jamais connu.

Que dire de ses souffrances & de la honte de son emprisonnement, qui a rejailli sur sa famille ? Quelle est la femme sensible & honnête, qui pourroit ne pas gémir toute sa vie de s'être vue traînée dans ces lieux d'horreur, séjour des crimes qui désolent la société, & dont le seuil souille le pied qui le touche ; dans ces cavernes infectées où l'œil épouvanté se detourne à l'aspect de ces gardiens, hommes brusques, sombres & farouches, qui semblent respirer la cruauté & la mort ; & dont les vices du cœur sont les vertus de l'état ...? Ah ! Quelle que soit l'indemnité que les Magistrats accordent à la dame Lejeune, si elle répare sa fortune, elle n'effacera jamais l'impression douloureuse qui subsiste au fond de son cœur, & de celui de son époux & de ses enfans.

Monsieur DEDELAY D'ACHERES,
Avocat du Roi.

Me HUBERT, Avocat.

FOUQUIER DE TINVILLE, Procureur.

De l'Imprimerie de DHOURY, Imprimeur-Libraire de Mgr le Duc d'Orléans, rue de la Vieille-Bouclerie au Saint-Esprit, 1776.